JAUNE SILENCE *(Sélection des poèmes, notes et traduction du roumain par DALILA ROMANESCU)*

Constantin MARAFET

JAUNE SILENCE

Sélection des poèmes,
notes et traduction du roumain par
PAULA ROMANESCU

© **Constantin MARAFET**

ISBN: 978-2-3225-4310-6

© 2024 Constantin Marafet
Édition : BoD · Books on Demand GmbH, In de Tarpen 42, 22848 Norderstedt (Allemagne)
Impression : Libri Plureos GmbH, Friedensallee 273, 22763 Hamburg (Allemagne)
ISBN : 978-2-3225-4310-6
Dépôt légal : Janvier 2025

Constantin MARAFET

JAUNE SILENCE

Sélection des poèmes,
notes et traduction du roumain par
PAULA ROMANESCU

Fondation[1]

Comme les mites qui dévorent tout tissu
Avec une infinie insouciance,
Le temps aveugle – folle mite immense
Abîme la fresque du peintre Pârvu Mutu*

---

[1] Pârvu Mutu, célèbre peintre des églises qui réalisa, entre autres, la peinture de l'église ortodoxe „Le monastère" (17e siècle) de Rîmnicu Sărat

L'annee 1884[2]

Dans les allées du parc, des demoiselles d'antan
Y passèrent. Combien doux leurs charmes,
Riche leur dot, longue leur traîne
Pour les jeunes officiers dont l'un – Eminovici*
Ayant un frère malade quelque part, à Vienne.

---

[2] Allusion à Mihai Eminescu (1850–1889), grand poète romantique, surnommé „Hypérion" de la poésie roumaine

Habitudes[3]

L'ombre de l'ingénieur A. Saligny*
L'architecte de la gare de Râmnicu Sărat
S'étend de temps en temps à travers lignes
Comme pour se reposer régulièrement.

---

[3] A. Saligny – ingénieur constructeur dont le nom est lié aux grandes réalisations du genere du 19e siècle de Roumanie

Demetriade et irremediade

Du temps béni où l'artiste Aristide
Y prenait son café à la Marghiloman,
Au pied des murs (devenus ruines sordides),
Il n'y avait nulle trace de Tziganes...

Nature morte

Les taches de pluie sur un vieux mur en pierre
Des plaies ouvertes d'un rouge incertain,
Ont l'air d'un pauvre ivrogne qui fait son plein
Sachant qu'un jour il dormira sous terre.

Pastel[4]

Journées d'automne tendues sur l'auvent
Et sur le seuil de la vieille maison close
C'est le tabac – berceau pour qu'y repose
Les aiguilleurs Păun* de tous les temps.

---

[4] Păun –Humble personnage de la littérature roumaine, condamné à toujours payer pour les fautes de ses supérieurs

Caserne

Il pleut comme du temps de Père Noé.
Se morfondent les patrouilles sous la pluie,
Les sentinelles sont remplacées au guet,
Fleurissent les armes sous le coup de la rouille.

Les rescapés – des Sim, Ham ou Jafet
Enfourchent la haie et gagnent le buffet.

Archéologie

Ville stagnante, comme les millénaires
Cités aztèques. Vastes entrepôts sans grains
Et sans souris. (Que pourraient-elles y faire?).
Seule la fabrique de freins y bat son plein.

Prémonition

S'annonce une longue, toute-puissante nuit
Noire comme le palais d'une mégère
Où les aveugles, par erreur avertis
Seront les tout premiers visionnaires.

De profundis

J'en appelle à la lumière
D'un cierge de cire;
Comme Jonas j'habite la mer
Dans une baleine.Dire

Que toi, qui marches sur l'eau
Prêt à me pêcher,
Ma flamme, tu ne la vois pas trop
Mais...pas plus ma pensée?

La baleine qui me renferme
Ce n'est qu'une bouteille.
Moi – un SOS sans terme
Plein de mal de mer–treille.

Démission

Comme si l'on jouait aux gendarmes et au voleur,
J'essaie parfois de rattraper un peu de bonheur:
J'engage des mouchards,
Je fréquente des boites malfamées, de misère,
Jusqu'au petit matin – Pierre nouveau –
Je me dédis trois fois de mes flairs...
Il m'arrive parfois de croire que j'ai gagné
Mais combien rouges mes yeux dans la glace du barbier.

Abdication

Adieu! Vole le vent!
Je m'en vais, veuf d'ovations
Sans trop savoir comment
J'ai déja quarante ans
Et, quand le ciel est gris,
        mal aux articulations.

Message

Les arbres, plein de chlorophylle les poches
Versent leur compte d'ombre dans les bancs de
silence
Pour quarante rêves je vous embrasse mes proches
Puis je me jette dans la pointe des lances.

Jaune silence

De mes mains j'ai arraché
L'inquiétude que les Parques
Voulaient bien me l'épargner.

Comment pourrais-je croire
Que le foin brûlant
Des rayons de lune,
Plein de ton parfum,

Tienne tout un été
Quand, déjà, j'entends
Un sourd grincement?

Elle vient de la nuit

en portant dans sa main droite
l'illusion
comme un ange elle passe
souriante à travers questions
se glisse dans ma poche
        sur le cœur
pour donner à mon rêve des couleurs
en voici dans la tétrarchie des couleurs
        un rêve oublié
sur mes lèvres – l'éblouissement labouré
je vérouille sous la peur
le silence des monts
jusqu'au point de l'aurore.

Au-delà du couchant

les pécheurs
 brûlent d'amour
tout humides
tristement
une étoile se promène
sur mes doigts
moi
je cherche encore
l'amère
solitude – mère.

Tous mes sens

balbutient le silence
seule la ville balance
l'ombre des triplés
me voilà encore
arriver
tout en tremblant
maudite cité
suis-je vivant?

Rêves fatigués

Seigneur
je peux rêver
donc
vaincu
je ne le
suis plus

De jour en jour je suis moulu

Par l'oiseau de la pensée
Me vole le temps brutal de farinage
Et, avec l'âge,
S'en vont mes jours
Sur un chemin
Qui m'emmène
Au bout de la vie
La preuve de ce chemin c'est moi
Drôle d'histoire qu'est la mienne
Mais s'il pleuvait, bon Dieu,
J'y pousserais comme le blé
Et je mûrais sous les cieux.

Ma mère file

De mon âme la nuit
Au fil de l'histoire
Pelote et fuseau
Enfilent le chaud
Mystère du couchant
Sur mon corps ravi
Assoiffé d'ouïe
Tandis que le chat
Ronronne ma larme
M'enfile et me charme

Je suis cadence des rames

À cheval dans la nuit
Sur le chadouf du puits
La femme fait son guet
À l'aveugle obscurité

Si léger son habit de voile
Que ses hanches en frémissent
Mes bras se remplissent
        d'étoiles
De pommes au doux contour
        De mer amère
C'est ça, l'amour?

Appel qui crève

Jusque dans le rêve
Nichita, Nichita
Miroir rangé
Par les mots-rocher
Par des mots non-mots
Les lèvres de brumes
Des mains qui caressent
L'âme, fière princesse
Verbes qu'on les laisse
Dans malentendus
Descend le mot
En pleurs sur les os
Au seuil du tombeau
À la porte dorée
Du baiser.

Sentier déterré

Par des selles glorieuses
Les longs pieds nus
Me voilà rouge bleu-vert
Comme les journaux du matin
Comme l'obscurité qui me fend
Me voilà sentier déchaussé

Suis-je rosé?

Naissance entre ciel et terre

Toi tu vas employer
Le sourire contre toi
Tu l'éleveras doucement
Et le jeteras en arc-en-ciel
Les mauvais rêves achèteront plus tard
Tous les miroirs du monde
En oubliant qui tu es
Tu leur demanderas
C'est toi, mon rêve à moi?
Non, n'aime pas, n'aime pas
Entre ciel et terre – illusoire-
Chœur de miroirs

La fureur des eaux

Fait plonger les rêves
Dans le ciel du regard
Sans contour
Germe en silence le ciel
Forêts d'étoiles
Forêts d'oiseaux
Je suis feuille sans arbre
Je suis chant

Déroulent leur bon plaisir

En arrêtant notre voie
D'un œil mauvais
Politiciens et policiers –
Les deux grandes puissances
De répression
De ce poème
Cette année
Combien vont-ils nous imposer?

Dans un langage enragé

Les branches poussent
Sur un œil un peu râmnic-salé*

Vue de chez nous
La lumière trempe
Ses ailes dans la boue

Le calme feuillage m'a adressé
Une lettre au visage tué
Par le solei

jeu de mots rappelant le nom de la ville du poète

Faits divers

Valeria Stoichină avait assassiné
Son bébé
En l'étouffant
D'une serviette en papier

On n'a pas encore établi
L'identité de la femme
Dont on extirpa
Les ovares
Les Roumains volent
Les uns des autres
Comme dans le bois

Déclarée faillie
Par le FMI
Aujourd'hui sera vendue
Aux enchères
Râmnicu Sărat –
Le premier pays de la terre

À la rédaction
On annonce par e-mail:
Les problèmes que vous avez posés
Ne furent pas confirmés
Mais
Tout va s'arranger!

J'écris

Ce conte de fées
Comme si
J'ordonnais
Sévèrement
Mouettes
Faites
L'inventaire
De vos ailes
Et vous tempêtes
Allez-vous-en
Coquille toi
Garde la clé
Du bord désert
Et toi poète
Remplis la chambre
Jaune du sable
Et vous les grands rentrez chez vous
Il est tard

Tombe le soir

Un instant, s'il vous plait
L'ORDRE DU SILENCE
Va êtrse prononcér!

Tant attendu

jusqu'où me laisseras-tu seul?
les yeux de mes plaies
dans la nuit noire du sang
ne peuvent pas cligner

Seigneur, je suis tellement vivant
pourtant suis-je perçu
comme une vallée, comme une bouche de plaie
il faudrait afficher
mon corps aveugle – œil ouvert

Ombre tardive

Tais-toi

La nuit est là
Arrêtés le nom et le prénom
De la nuit

Le plan fut accompli
Un point à l'endroit

Jusqu'à la fin de la voie

Clochard autorisé

Me voilà
Chemin
Pour ton pas
Je pleure sur tes cheveux
Qui transpercent mes paumes
Lorsque je renaîtrai
Tu seras peut-être
Non-être
Non...
Tes cheveux
Seulement
Dans mes paumes
Pousseront...

Je vis dans ces terribles

Espaces humiliants
De l'univers
Où seul l'instant
Me fut donné
En forme d'ombre
Bien fermée

Tout ce que je sais
C'est que bientôt je mourrai
Il n'y a pas de doute
L'éviter
Pas de chance
Seigneur, combien illimitée
Mon ignorance!

Souvenir

Le souvenir s'en va
Parmi les doigts
Par le train là-bas
Chaque doigt
Un arrêt
Un souvenir
Qui s'en va de mes doigts ...

Les torts, de la pensée

De ma soif de feuille
De ma feuille de voix
M'appelle le soleil
Couchant dans la lumière
Comme un coq de bruyère
Le rêve m'appelle de la feuille
Comme dans le rouge langage de mai
Arbre dans tes marées
Je viens cueillir ton ombre
Qui n'arrête pas de m'appeler

Constatation

Parcourir le temps
En traduisant une femme
Sous la chaleur torride
De toutes les possibilités
Quand une marée de soldats
Trois fois cent étendards
Sous la voûte des os calcinés
Soupirent sans arrêt
Ça ne suffit jamais

Neige orange

je ne serais jamais ton arlequin
le sourire figé
reste sous le cerisier
parmi les serpents élevés
à l'académie
me neige la lampe orange
puis s'envole
en respirant le visage de maman

Portrait pour l'eternite

Comme un credo
Se défeuille la lumière
En paix
Les nymphes cueillent le bleu
En-dessous des...petites filles
Portent la marelle
Soldat
oui toi soldat
Tiens-le droit
L'arc-en-ciel
En position de tir

Portrait d'amour

Portrait d'amour le rêve
Qui cherche son visage
Dans la rose pleureuse
De la nuit
S'avance vers la tranchée
De mon ventre
Un essai de sang
Comme le sable
Qui descend de la clepsydre de feu
À l'heure du jour des nues

Brin écrasé

Me couvrent les printemps
La paupière du rêve tombe
Le rêve s'en va et la paupière
Devient poussière
Les chevaux écrasent
L'herbe qui me tient
Je prends le brin
De sur mon cœur
Je le replante
Dans une larme brûlante

Le feu fatigué s'endort

Le bois reste dans le craquement
Tiens, arrive le printemps
Habillant de ses rayons
Mon cœur grain de tourbillon
Ma mère peigne le miroir
Moi, j'emmène les bœufs devant
La maison, je chasse le vent
Et j'attache le printemps

Chemin de solitude

J'observe la solitude
Combien grande
Rouge au commencement
Elle s'avance
Vers l'âge adulte
Et devient voix
Tant d'années passèrent
Bon anniversaire
Solitude
la même voix
 Ridicule
Le rocher se dresse
 Devant moi
Rouge-blanc
Je peux partir maintenant
Rentrons chemin
Il est tard.

La pluie de mon réveil

Je tends la main
Et j'empoigne la toile
D'araignée de la pluie
Je l'entraîne par la fenêtre
Où le vent frappe
Sois le bienvenu
Vent sacré
Je ne veux que dormir
Je suis fatigué
Dans la vitre cassée
Des arcs-en-ciel de bruit
Aux larmes du soleil

Photographe amateur

Je photographie une clepsydre
Et dans mon âme descendent
Des tempêtes
Je tends la main
Et je tire la rivière
Pour en laver son visage
J'ai mal aux yeux
Comme si le sable...
Je tire doucement une autre rivière
Je prends ensuite l'arc-en-ciel –
Tendre serviette
Je n'ai plus mal du tout
Je photographie une clepsydre
Tiens le clichée
N'a rien enregistré
Ô, mes tempêtes,
Combien léger votre écoulement
À travers mes tourments

Je vais naître demain

Je vais naître demain
Quoique l'amour
Cache des troupes de chevaux
Pour qu'ils me broutent
De loups
Je vais naître demain
La louve divine
M'attend en oubliant
La femme qui engendre la femme

Les chevaux de la nuit

Les chevaux de la nuit
Fantômes du baiser
Foncent leur sabot dans le cœur
Sur d'autres amours
Ils boivent assoiffés la verte rosée
Le cœur palpite encore plus fort
Et les chevaux
L'aile déchaussée
s'en vont

Je suis à la table[5]

Avec la nuée des mes rêves
J'ai dor de midi
Des premières jeunes filles
Et du réveil de la plaine
Dans les mers de questions
Du dernier baiser

---

[5] Dor, mot roumain intraduisible ayant une multitude de sens, le chagrin et la joie y compris

Portrait de dor

Mon crépuscule se cache
Sous le manteau de l'insomnie renversée
La plaine vierge labourée
Respire de regard du village

Je bois de ma paume

le midi du puits
en implorant les chevaux
de ne pas m'oublier
au bord de la liqueur
où germe le mystère
autour de ma tête
s'éleva
la demeure sainte
où l'on peut s'agenouiller
sur la fresque qui suit mes pensées
pour mieux te pardonner

Voici un bûcher allumé

Sur mon sein droit
Une plaie
Où est-tu? des yeux de la mémoire
La lumière creuse dans mes côtes
Nouvelle tombe
Pour mieux cacher la peur
D'heure en heure
Un ange arrose mon effroi
Tout, on le sait déjà

Tant de chagrin

je soupire et je me tais
non, je ne voudrais être
la toile d'araignée de la pluie
dans ma paume
de mon visage pourrait un roseau
naître un roseau
et toi tu l'épousseterais
de ton front trempé
mais par tant d'insomnie
de cet âge-ci
pas de celui-là
et plus tard encore
nous on va entrer
dans une surdité
et un secret

 aveuglement
jusqu'au réveil des Daces d'antan

Je fais promener

Des bibliothèques
À l'illusion des boiteux
La tristesse du monde
Illumine
Le visage de Dieu
Errantes bibliothèques
À travers déchirements
À travers murs
Encore brûlants
Aux vitraux
En soie
De Verbe des cieux

Seul entre le lever et le coucher

Du soleil
Le front dans la voie lactée
Les portes folles clouées
Arrêtent le roulement du ciel
Sur l'autre front cornu
Courez vers nous
À la confluence de l'éblouissement d'Ulysse
La peste va nous envahir
Ombres de peste nous déchirent
À nouveau la lâcheté
Va-t-en sans regarder
En arrière!

J'enterrais mon silence

dans la poussière
et dans le rouge chuchotement
dans une cloche
aux flûtes de sureau
je deviendrais roi
partout des oreilles
sainte merveille
Lui,
Il ne voit pas
Il n'entend pas
Il est là
le bBerger
sur mon cœur s'est couché

Sans que je le voie

Les traces des fenêtres égarèrent
L'eau des fontaines
Sous le pied de la maison
Poussa la rage
Cultivée par les chasseurs
De nuit noire
Dans le frou-frou des ailes
S'égarent des chevaux
Les cages aux portes de feu
Perdirent elles aussi ma trace
Tout en embrassant mon visage
De tant d'illusion
 Hélas,
mon regard
Recherche les traits du monde
À ma place
S'installe
Le désespoir

Un incessant bourdonnement

S'éteint doucement
En descendant vers la source
du silence
On est en pleine fête
On vote par des morts-vivants
La couleur du mépris insolent

À mon enterrement

Tu n'as pas pleuré
Mais il pleuvait
Sur les fronts fauchaient
Des insouciances verrouillées
Les lacs se signaient
À mon chevet
Des archanges plongés dans les pensées
Un ciel d'ombre
Me desssinait

Depuis une heure j'attends

la mer pour mieux l'éteindre
dans la braise du couchant
je porte le soleil sous mon habit
et, la bouche inassouvie je m'attarde
au partage du silence
on porte au dos des plaies
encore, et toujours, la fin
des ombres éternelles sur les fronts
penchéses

Murmure un matin

En tuant mon silence le dernier
J'en ai trop pleuré depuis
Et j'ai pardonné
Aux rayons qui m'ont enlevé
De la boue
Se tait
À present ma pensée
Accrochée dans ma paume
Par une griffe de lumière
Deux ombres de regret
M'habillent tour à tour,
Des eaux devinées de l'amour

Ars poetica

Hier, juste dans le hennissement du midi
J'ai allumé le feu
Lui – désir miraculeux
Comme des troupes de chevaux
Sur mon corps passa
La foule des soucis et d'effrois
L'arbre, toujours là,
Devant chez moi...

Tiens. Quel chemin
Ce corps – le mien –
Choisit-il pour le meilleur
Car...pour le pire!...

Déchirements

Les vagues de mes pensées s'ensuivent
Pour s'abreuver aux sources de grands chagrins
Je donne au monde le seul iceberg
Qui se morfond entre les rives
Pris dans le signe de l'infini
Où le sommeil s'incline, soumis
Comme dans du bois
Dieu sculpte en moi
Des déchirements
Pour que mon âme
S'endorme doucement
Sous des mots-chant

Egare dans les poches

Égarée dans les poches
La lune
Comme une femme s'allume
Sur le septième ciel
Tout en cherchant
Des passions
L'assouvissement
Sur les hanches rondes
Que j'inonde
Sans trêve
De mes rêves

Des icebergs dans mon cœur

Combien déchirant
L'amour qui
Me fut écrit?
Et, pour combien de temps encore
Seigneur?
Dans mon cœur,
Des icebergs de douleur
Mais l'océan-cage, souverain
M'appelle dans le lointain
Comment partir?
Dans mon corps
Pour tout bien
Il n'y a qu'un seul ange gardien

La pluie commence quand

L'histoire que j'ai reçue en gage-
Alexandre Le Grand
Dans une pélote de nuages...
Je ne suis qu'amour
Rien qu'une écorchure
Des nuages qui s'enfuient
Mais elle commence quand la pluie?
Quand est-ce qu'elle finit?

Je suis la feuille

Quel amour me caches-tu, mon amour,
Quand j'en ai assez de toutes les richesses
Qui inondent la vague des virgules non-écrites...
Je descends de mon lit envahi de mauvais présage
Je ne suis qu'un arbre
Dont les feuilles rêvent d'amour...
Jamais, faut vous dire,
L'éclair d'un souvenir...

Ou est le saule qui pleure sur mon épaule?

Dans le fil ourdi du grand verbe
Je me retrouve toujours dans une peur éternelle
À qui sert-elle, la plaine
Du sud-ouest de la colline grise
Et, quels chevaux me courtisent?
Où est le saule qui pleure
Sur mon épaule?
Où, la peur enfermée entre la rosée
Et le midi des retards toujours recommencés?

Je vous l'ai toujours dit:
L'éternité
Ce n'est qu'à nous
Qu'elle nous fut refusée

L'éternelle priére

      À ma mère
Dans les prières – le visage de ma mère
Auprès de l'ombre – le visage de mon père
Autour du front – astres en repos
Ma mère ramasse tous les soleils
En rayons d'amour.

À l'autre bord – des morts qui se meurent

La clepsydre dont ma mère descend
En traînant ses pas au fil d'une prière
C'est un pont qui mène
Jusqu'au bout du temps

Aveugle papillon

Je sens que ton amour n'est qu'un
Aveugle papillon
Qui voudrait bien brûler
Dans d'autres amours
Ô, l'heure atone qui
S'arrête et qui crie
Dans la larme de ta paume

Habits

Des portes! Combien serré l'habitcéleste
On dirait qu'il hésite de m'habiller!
L'hiver de la vie est plein d'eaux tarries!
Mon corps frêle, câté Est –
En rappelle la rosée
D'un verre de lumière.
Toujours plus sombre le costume
Que je mets
Ou, peut-être, d'un rêve enchaîné...
L'orchidée
Légère et noire
S'enveloppe de mon désespoir.

Le sentier me traverse

À travers le néant
le corps descend
Sans selle
Dans leurs poches, les arbres
Fourrent de la lumière
L'eau du creux du saule
Rêve de bourgeons...

J'achéte l'ombre du pas

Tout d'un coup –
Lever des cieux
Lever des voix -
Sataniques jeux
Au dernier tournant
J'achète tout simplement
L'ombre du pas
Qui ne me retrouve pas...

Le corps – galop du monde

Regarde-moi! J'existe! Tu le crois?
Mes bras désemparés
Volent auprès des oiseaux,
Mon corps est galop de lumière.
Comment, sans désespoir,
Voir dans le miroir
La solitude qui m'appelle
De sa voix de ciel?!

Peut-on rester de pierre
À l'appel de la lumière?!...
Ô, près de toi
Ce silence tellement grand
Me fait mal...

Les corps deviennent steppe

Les vagues ont cessé de frapper
Aux hanches de la femme.
Les seins débordent des sources.
Les tambours continuent leur discours
Et les chevaux s'abreuvent à l'aile de la Grande
Ourse...
Les corps – frissons de tourbillon de l'être –
Deviennent ils steppe, peut-être?

Sur le col des ivrognes

Fourmillent des brins d'herbes
À travers les étoiles, la fumée de cigare
Comme l'écume d'alcool dans une cicatrice.
J'apaise la respiration en miettes de la hanche
Qui sent incessamment la chair amère
L'air en haillons quitte le ciel
Qui nous regarde attentivement
Par des verres teintes
Nous voici
éclipse inouïe...

Corps et vue

Je vis dans un cri
Cloué par des étoiles suspendues,
Dépourvues de vue.
Les passants, la flamme du savoir allumée
S'avancent vers la mort.
Mais la mort – la mienne – qui la voit?!
Mais de sa mort à lui qui en souffre?!

Il faudrait que j'allume un bûcher
De ce corps pour en fair éclater la vue perfide
Et, laisser les cendres du savoir
Verser des larmes dans l'ouïe des pyramides...

Vers chez moi

Je laisse passer mon corps
D'alcools
Par l'aorte de la cité
Je m'agenouille devant la paupière
Tandis que mes concitoyens
Jettent des syllabes dans les artères
Qui mènent vers chez moi

C'est du ciel d'un fleuve que je suis né
Je bois de petits verres d'océans
Insouciamment la rivière descend
Dans la nuit de la mémoire naissante

Des régiments de voies
Me cherchent mais ne savent pas
Le vers chez moi

Heures de nuit, heures du jour

Quel est ce monde barbare
Qui conduit mes pas?
Quel le temps qui remplace
La cruche dont je bois?
Jamais seul, Seigneur,
Me voilà:
Mon ombre est avec Toi?
Levez le silence comme on lève le rideau!
Jamais seul...
Des sourires de tunnels
Aux fenêtres d'amour –
Heures de nuit
Heures du jour...

Souffle

Je n'ai pas de repos :
Les bords des vagues
Font descendre le corps en poussière
Tandis que le souffle de la gloire,
Couvert de plaies
Continue à briser
Le silence des nuages
En éparpillant mes syllabes
Qui entourent
La femme noire–blanche–jaune–verte,
Celle qui court
Au-devant des étoiles
Les cheveux nattés
Sur le sein de l'auréole boréale...

Comme ils disent...

[...]"Constantin Marafet, - un calligraphe des suavités, un surprenant décanteur d'états d'âme frustes, un tendre persifleur.
  Son langage sent le parfum d'une temps à jamais disparu, ses vers ont un l'air d'étrange mélancolie[...]".

Mircea Micu
Cronica română, le 25 mars 2002

[...]"Une hirondelle qui nous fait espérer un printemps littéraire [...]".

Observator buzoian, le 15-30 mai 2001

„Dans notre champs littéraire tellement accidenté, aux formes de relief toujours changeantes, Constantin Marafet est une étonnante présence[...]".

Ion Stanciu
Muntenia literară, nr.154, le 12 mai 2001

„La poésie sent le doux poison de la ville de province[...] au parfum de mosc poétique oublié[...]".

Florin Muscalu
Revista V, nr.2/2001

„Le boug de province décrit et parcouru par Constantin Marafet est une sorte d'Atlantide qui nous reste dans l'âme".

Viorel Dinescu
Literatură și artă, Chișinău, Janvier, 2003
Cronica Română

Table des matières

Fondation .... - 7 -

L'annee 1884 .... - 8 -

Habitudes .... - 9 -

Demetriade et irremediade .... - 10 -

Nature morte .... - 11 -

Pastel .... - 12 -

Caserne .... - 13 -

Archéologie .... - 14 -

Prémonition .... - 15 -

De profundis .... - 16 -

Démission .... - 17 -

Abdication .... - 18 -

Message .... - 19 -

Jaune silence .... - 20 -

Elle vient de la nuit .... - 21 -

Au-delà du couchant .... - 22 -

Tous mes sens .... - 23 -

Rêves fatigués .... - 24 -

De jour en jour je suis moulu .... - 25 -

Ma mère file .... - 26 -

Je suis cadence des rames .... - 27 -

Appel qui crève .... - 28 -

Sentier déterré .... - 29 -

Naissance entre ciel et terre .... - 30 -

La fureur des eaux	- 31 -
Déroulent leur bon plaisir	- 32 -
Dans un langage enragé	- 33 -
Faits divers	- 34 -
J'écris	- 35 -
Un instant, s'il vous plait	- 36 -
Tant attendu	- 37 -
Ombre tardive	- 38 -
Clochard autorisé	- 39 -
Je vis dans ces terribles	- 40 -
Souvenir	- 41 -
Les torts, de la pensée	- 42 -
Constatation	- 43 -
Neige orange	- 44 -
Portrait pour l'eternite	- 45 -
Portrait d'amour	- 46 -
Brin écrasé	- 47 -
Le feu fatigué s'endort	- 48 -
Chemin de solitude	- 49 -
La pluie de mon réveil	- 50 -
Photographe amateur	- 51 -
Je vais naître demain	- 52 -
Les chevaux de la nuit	- 53 -
Je suis à la table	- 54 -
Portrait de dor	- 55 -
Je bois de ma paume	- 56 -

Voici un bûcher allumé	- 57 -
Tant de chagrin	- 58 -
Je fais promener	- 59 -
Seul entre le lever et le coucher	- 60 -
J'enterrais mon silence	- 61 -
Sans que je le voie	- 62 -
Un incessant bourdonnement	- 63 -
À mon enterrement	- 64 -
Depuis une heure j'attends	- 65 -
Murmure un matin	- 66 -
Ars poetica	- 67 -
Déchirements	- 68 -
Egare dans les poches	- 69 -
Des icebergs dans mon cœur	- 70 -
La pluie commence quand	- 71 -
Je suis la feuille	- 72 -
Ou est le saule qui pleure sur mon épaule?	- 73 -
L'éternelle priére	- 74 -
Aveugle papillon	- 75 -
Habits	- 76 -
Le sentier me traverse	- 77 -
J'achéte l'ombre du pas	- 78 -
Le corps – galop du monde	- 79 -
Les corps deviennent steppe	- 80 -
Sur le col des ivrognes	- 81 -
Corps et vue	- 82 -

Vers chez moi .... - 83 -
Heures de nuit, heures du jour .... - 84 -
Souffle .... - 85 -